CRISIS FOREVER
1

GOBIERNO INTERVENTOR Y PARASITARIO=CRISIS Y POBREZA

LA CRISIS LA PRODUCE Y SOSTIENE LA ESTRUCTURA INTERVENCIONISTA O COLECTIVISTA DE UN GOBIERNO ENORME Y PARASITARIO. CAMBIA LA ESTRUCTURA DEL GOBIERNO POR UNA NO INTERVENCIONISTA Y DE JUSTO TAMAÑO Y SE ACABA LA CRISIS.

THOMAS REYVA

Serie: CRISIS FOREVER

Volumen: 1

Título: GOBIERNO INTERVENTOR Y
PARASITARIO=CRISIS Y POBREZA

Autor: Thomas Reyva

INTRODUCCIÓN

La crisis económica actual no es un evento fortuito, no sucede casualmente. Está sustentada en un estilo de organización social que controla las voluntades individuales de la población creando un exceso de limitaciones a las actividades humanas y llevando a las comunidades a un estado insostenible de pérdida de libertades. El clima de malestar social, así creado, provoca inestabilidad e impulsos de cambio.

Dentro de cualquier sociedad, es el gobierno el que controla la voluntad individual de la población, porque decide unilateralmente y aplica las reglas y las leyes. Si el control es excesivo y aberrante se crea un estado de frustración generalizado y automáticamente sobreviene la crisis.

ENTENDIENDO LA CRISIS

No hace falta ser un economista o un sociólogo para entender, a grandes rasgos, **qué es una crisis, cómo se crea y qué la mantiene**, pero necesitamos poner las ideas en claro.

Empecemos desde el principio, partamos del individuo, nosotros mismos.

Somos seres individuales que vivimos dentro de una sociedad.

¿Qué es una sociedad?

Una sociedad es una agrupación de individuos que ocupa un territorio y mantiene, entre sí, relaciones de comunicación y cooperación, creando lo que se llama una "cultura".

Las sociedades humanas nacieron con el hombre mismo, somos seres de naturaleza social.

Los sistemas de organización jerárquica dentro de las sociedades han cambiando a través del tiempo, desde los más anárquicos, donde dominaba el más fuerte, hasta los más democráticos, donde dominan los más capaces.

A pesar de que vivimos inmersos en estas organizaciones sociales (países con gobiernos y sistemas de administración), **somos también INDIVIDUOS.**

¿Qué quiere decir esto?

Que tenemos identidad propia. Que no somos iguales a nadie.

Lo que caracteriza de manera substancial a cada individuo es su conciencia y su voluntad.

Pero...

¿Qué es la conciencia?

La conciencia es, en términos generales, el conocimiento que un ser tiene de sí mismo y de su entorno, lo que significa que recibe de manera normal los estímulos del interior y el exterior y puede comprenderlos y analizarlos.

¿Qué es la voluntad?

La voluntad es la facultad de decidir y ordenar la propia conducta.

No ejercer nuestra voluntad es perder esa facultad que nos caracteriza como seres humanos.

Por lo tanto, **como individuos (seres que no se pueden dividir sin perder su identidad), tenemos conocimiento de nosotros mismos y de nuestro entorno y tenemos la facultad de decidir y ordenar nuestra vida.**

Dentro de la sociedad, los individuos hacemos todas o casi todas las cosas en el desarrollo de nuestras vidas.

Es decir, nuestro entorno social conforma el medio donde realizamos nuestras cosas.

Ahora bien... **¿Por qué hacemos las cosas? ¿Cuál es la meta de nuestras acciones? ¿Qué buscamos en la vida?**

Simplificando un poco, **todos buscamos la felicidad. Es la meta de todas nuestras metas.** Cuando hacemos algo pensamos que, haciéndolo, nos llevará, de alguna manera, a una situación más feliz.

Nadie, en su sano juicio, hace algo pensado que eso que está haciendo lo llevará a la infelicidad.

Podemos concluir que **la conciencia de nosotros mismos nos impulsa a actuar, siendo la felicidad la meta final de nuestras acciones y la voluntad individual es el vehículo que nos mueve hacia ella.**

Por más grande o más pequeña que sean nuestra metas, todas conllevan la travesía para la llegada a un estado de felicidad.

Las grandes metas como encontrar el amor de nuestra vida, obtener el éxito personal o profesional, crear una plataforma financiera sólida para nosotros y nuestra familia, obtener el reconocimiento público y otras muchas metas, tanto abstractas como concretas, todas, están impulsadas por la voluntad y nuestra conciencia juzga el éxito de las acciones que hacemos para llegar a ellas.

Sin conciencia y sin voluntad, no tendría sentido, para nosotros, emprender ninguna acción y no ameritaría ningún esfuerzo de nuestra parte, porque sencillamente no la desearíamos.

Si no somos concientes de nuestra vida no emprendemos acciones con intención. Sería como vivir en un estado instintivo.

Si no tenemos voluntad propia no emprendemos ninguna acción por nosotros mismos. Cualquier acción estaría sujeta a la imposición de alguien o algo.

Una vida sin conciencia ni voluntad sería lo más parecido a un desperdicio, por lo tanto, desde todo punto de vista, **algo indeseable.**

Si hay algo que no queremos en nuestras vidas es el desperdicio. De hecho, lo apartamos de nuestro entorno.

Para emprender nuestras acciones, de forma más o menos concreta, creamos un plan. Ese plan es único, nuestro, de ninguno más.

Puede ser que nuestra cultura condicione nuestros planes, pero siempre existe nuestro toque personal. Esa es la condición de nuestro ser individual.

Ese plan personal nos lleva a ejercer las acciones que consideramos nos conducirán a las metas que nos harán, de alguna manera, felices.

Si nos casamos, voluntariamente, lo hacemos porque pensamos que el resultado nos hará felices.

Si tenemos hijos, si estudiamos una carrera, si emprendemos un negocio o un proyecto de vida, si practicamos un hobby, etcétera y muchos etcéteras más, siempre pensamos que haciendo todo eso llegaremos a ser más felices.

Para que una acción nuestra nos lleve a un estado feliz, resulta de suma importancia que, aquello que hagamos, lo hagamos de forma **voluntaria**. Si no es nuestra la voluntad de hacerlo sino una imposición, el resultado se alejará del estado de felicidad que buscamos.

Se trataría de una obligación. Nada más lejano a un estado de felicidad que la sumisión de la voluntad personal a la de un tercero. Aquello no sería el objeto de nuestro deseo y terminaríamos rechazándolo.

La sumisión de la voluntad propia a la de un tercero es lo más parecido a la esclavitud, condición deplorable y fuera de todo contexto en la actualidad.

¿Qué pasa cuando no alcanzamos esa felicidad que hemos pensado obtener con nuestro esfuerzo, ya sea porque es obstruida por algo o por alguien, o por falta de libertad para ejecutar lo que deseamos? Llegamos a la frustración.

¿Qué es la frustración?

La frustración es una respuesta emocional relacionada con la ira y la decepción, que surge de la percepción de **una imposibilidad u obstrucción al cumplimiento de la voluntad individual.**

Cuanto mayor es la obstrucción y la voluntad, mayor también será la frustración.

Es decir, **mientras menos podamos realizar lo que deseamos, más frustrados estaremos.**

No solamente necesitamos de la voluntad individual para hacer las cosas que deseamos y que nos llevarán a la felicidad individual sino, también, **necesitamos de la libertad** para poderlas hacer.

Sin libertad individual es imposible ser feliz. **La falta de libertad conlleva inevitablemente a la frustración.**

Digamos que la voluntad es el motor que nos mueve hacia lo que deseamos. Si el motor es potente (tenemos mucha voluntad) nos moverá con fuerza hacia el destino que nos hemos trazado. Sin embargo, si el camino que conduce a nuestro deseo está obstruido, por más motor que tengamos, no podremos llegar nunca a la meta.

Una sociedad cuyo gobierno no promueve la libertad sino que obstaculiza las iniciativas individuales produce infelicidad generalizada. Es un gobierno que obstruye los caminos.

En un sistema social de pérdida de libertades hay pérdida de felicidad. **Una sociedad sometida a la voluntad de un gobierno, en vez de a la voluntad personal de sus individuos, es una sociedad de frustrados, de infelices.**

¿Podemos vivir a nuestro antojo y seremos completamente felices?

Probablemente no. Hay situaciones en las que las voluntades individuales de los integrantes de una sociedad son opuestas. ¿Y entonces? Necesitamos de algunos límites. Necesitamos de las reglas.

¿Qué pasa cuando la voluntad individual de alguno está reñida con la de alguien más? Esta situación lleva al conflicto.

¿Qué es el conflicto?

Es una situación en que dos o más individuos, con intereses contrapuestos, entran en oposición o emprenden acciones mutuamente antagonistas.

Por su condición confrontacional, en relación a objetivos considerados de importancia como son: valores, estatus, poder y recursos escasos, se generan problemas, tanto a los involucrados, como a terceros.

Una sociedad sana está organizada para poner ciertos límites a las voluntades individuales que intentan someter y anular a otras voluntades. Debe resolver los conflictos, no obstaculizar las voluntades.

Bueno...

¿A qué conclusión podemos llegar de todo esto?

La conclusión es que para poder ser felices como individuos debemos vivir en una sociedad de libertades, donde se promueva la iniciativa individual y la intervención del gobierno sea la mínima posible, que no limite de manera excesiva la libre escogencia de nuestras acciones de vida y actúe, estructuradamente, para promover el avance social y resolver eficientemente los conflictos.

¿Esto es así en nuestros actuales gobiernos?

Evidentemente no.

Lamentablemente, nuestras organizaciones y estructuras gubernamentales son **híper-controladoras, súper-fiscalizadoras, exageradamente interventoras y descomunalmente grandes.**

SON ABERRANTES.

¿Qué es la aberración?

Es la falta de entendimiento, el desconocimiento de la naturaleza de una cosa.

Nuestros gobiernos no conocen a la sociedad, sólo tratan de dominarla.

No es de extrañar que no funcionen bien y que, además, sean el origen de todos los problemas que crean frustración e infelicidad. Todavía más allá, son los generadores de la crisis.

Pero, y ahora viene lo bueno...

¿Qué es la crisis?

Es una situación social inestable, una época de dificultades que implica obstrucciones al desenvolvimiento de la normalidad y conduce a la pérdida de la felicidad.

¿Cómo nos afecta?

La crisis **puede provocar un cambio traumático en la vida o salud de una persona** o una **situación social inestable y peligrosa en lo político, económico y militar**, que desemboque en un colapso.

¿Cómo se genera una crisis?

Todo comienza desde la pérdida de libertades.

Es algo complicado porque influyen muchísimos factores, pero podemos concentrarnos en los principales.

Imaginemos una sociedad que pasa por un período de supuesta estabilidad, esto es, se evidencia normalidad social, política y económica.

Sin embargo, sufre de un proceso de deterioro estructural y progresivo gracias a un gobierno que lo controla todo o casi todo y asfixia a los individuos que la componen.

En este entorno, nadie ejerce las acciones que desea, todos tienen las manos atadas por un gobierno híper-interventor y parasitario, por lo tanto, la sociedad está sometida a la voluntad de un tercero, es decir, al gobierno aberrante.

Sabemos que esta situación crea frustración. Al sufrirla la sociedad entera, se crea una sinergia que provoca inestabilidad social. Todos infelices y frustrados.

Nadie consigue hacer lo que desea. Se impone la obligación en el puesto de la voluntad.

Sin voluntad, o con la voluntad obstruida, los individuos se comportan apáticos, el desánimo y la rutina señorea.

Con la desmedida intervención del gobierno se crea este caldo de desinterés y apatía que, inmediatamente, lleva al malestar social y a la inestabilidad. Por supuesto, todas las actividades sociales, ahogadas por el gobierno, se desinflan.

Lo primero que se advierte es el deterioro económico. ¿Por qué? Porque es el aspecto de la sociedad más y mejor cuantificado, no porque sea el primer síntoma en aparecer.

Eso quiere decir que toda crisis, aunque la llamemos económica, no empieza realmente por la economía, sino por la frustración social. El deterioro económico sería más bien una consecuencia.

Un individuo apático y frustrado no emprende acciones positivas que le ayuden a progresar, al contrario, se hunde en la decepción.

Consumidas sus finanzas por el apetito voraz de un gobierno incapaz y aberrante, costosísimo e ineficiente (parasitario), se ve inmerso en la lucha por la supervivencia.

Así, con la capacidad de compra e inversión por los suelos, se hace imposible que mejoren las condiciones de mercado, se desploma el aparato productivo por falta de poder adquisitivo de los ciudadanos.

En situaciones de inestabilidad se pierde la confianza en los mercados bursátiles y los bienes fiduciarios tambalean.

Los bienes de consumo se estratifican exageradamente, se valorizan los de primera necesidad y se desvalorizan escalonadamente los menos necesarios hasta el punto de riesgo de desaparecer.

El pésimo manejo de la pobreza que hace un gobierno torpe e ineficiente, con impuestos leoninos sobre la base trabajadora, crea mayores diferencias en los estratos económicos de la sociedad y, paradójicamente, impulsa el consumo de los bienes suntuarios, que es el estrato que, generalmente, crece en los momentos de crisis.

Un gobierno híper-interventor parasitario y aberrante, por naturaleza, no puede manejar bien las situaciones inestables.

No es ágil, pues su tamaño se lo impide. No es adaptable, pues su excesivo control lo hace rígido e inflexible. No puede reaccionar, pues no tiene mecanismos rápidos de feedback que le permitirían entender lo que pasa.

Sólo permitiendo que los ciudadanos ejerzan libremente las acciones que la creatividad individual les proporciona, con la agilidad y flexibilidad que les daría una estructura legal y administrativa manejable e impulsora (no súper-restrictiva e híper-interventora) se puede superar ágilmente una situación de inestabilidad, una crisis.

Nadie sabe mejor que nosotros mismos lo que queremos. Sencillamente somos sólo nosotros y nadie más, los que tenemos toda la información sobre nosotros mismos, y sólo nosotros podemos analizarla bajo nuestro criterio. Nadie nos puede decir mejor que nosotros mismos lo que nos hará felices y lo que debemos y queremos hacer en cualquier caso.

Podemos equivocarnos, sí, podemos tomar rumbos que no nos produzcan felicidad, pero esto nos dará más y mejor información que, aunada a la que ya teníamos precedentemente, nos ayudará a corregir nuestras acciones y a formar una meta más precisa.

A esto se le llama "experiencia". Eso de "aprender de los errores" y aquello de que "nadie experimenta en cabeza ajena"… ¿acaso nos suena?

Que algún tercero pretenda saber mejor que uno mismo lo que uno quiere y desea es una ilusión.

Imaginemos un gobierno que pretende dominar y controlar todas las acciones individuales con el pretexto de que lo hace para beneficio de la sociedad a la que, supuestamente, sirve. Como hemos visto ya, eso es imposible.

Un gobierno híper-interventor no hace otra cosa que cortar libertades, obstaculizando los caminos que llevan a la realización de los deseos individuales, produciendo infelicidad y frustración en la sociedad.

Los gobiernos híper-interventores y parasitarios crean sociedades de individuos infelices y frustrados.

Como sabemos, la frustración lleva a la depresión emocional y a la ira.

Extraña y paradójicamente, los gobiernos híper-interventores predican el amor como motivación a las acciones de control.

La bandera de un gobierno híper-interventor es la protección al ciudadano. Nada más lejos de la realidad.

En una sociedad que sufre de frustración colectiva prevalece el sentimiento de temor, de miedo, sobre el sentimiento de amor y protección.

Cuando un grupo de individuos posee el poder de decisión de casi todas las acciones de una sociedad, obliga a ésta a realizar las acciones que responden a las voluntades del grupo dominante y la sociedad no tiene capacidad de reacción ante una organización estructuralmente inmensa y súper-controladora.

Por el contrario, un gobierno de pequeñas dimensiones, abocado a la facilitación de la realización de las actividades y acciones de una sociedad voluntariosa y activa, generalmente feliz por la consecución de sus objetivos y metas, promueve en sus individuos el desarrollo y jamás dará pie a una crisis.

Un gobierno bien estructurado, de dimensiones justas, poco interventor, facilitador y controlador de los conflictos será el mejor garante de la estabilidad social, política y económica, todo lo contrario a una crisis.

Por el contrario, un gobierno parasitario vive a expensas del hospedero, sin ayudarlo.

A una persona deprimida le es prácticamente imposible sentir amor, que es el sentimiento que está relacionado con la felicidad. Al amor no se llega por el camino que crea la frustración.

Al contrario, una persona frustrada es normalmente iracunda, reacciona de forma agresiva porque teme al fracaso, cosa que ha experimentado muchas veces en una sociedad híper-controlada por un gobierno aberrante que obstaculiza la mayor parte de sus deseos.

En la búsqueda infructífera de la felicidad y de manera inconciente, los individuos frustrados no progresan, no ejercen acciones constructivas, se conforman con la rutina de supervivencia.

Los individuos frustrados e infelices están emocionalmente incapacitados para reaccionar de manera positiva ante situaciones de inestabilidad social, política y económica, y no están en condiciones favorables para salir de una crisis.

Pero...

¿Cómo sabemos que un gobierno es Híper-interventor y parasitario?

Vamos, no es tan difícil, nos resulta hasta familiar.

Basta observar algunas cosas sobre su tamaño, su estructura, sus acciones y sus resultados.

Los gobiernos híper-interventores y parasitarios se jactan de que tienen reglamentada todas las actividades de la sociedad, como bandera de orden y disciplina, pero también las tienen todas tributadas, es decir, dominadas y para ser cobradas. Aparentemente no hay nada de malo en ello, sin embargo depende del cómo y el cuánto.

Demasiado orden es sinónimo de rigidez, inflexibilidad y sometimiento. La aplicación de una disciplina excesiva entra en la frontera de la esclavitud.

Ante una reglamentación gubernamental nos podemos hacer esta simple pregunta: ¿Esta regla promueve el desarrollo individual y social o, por el contrario, obstaculiza las acciones voluntarias de los individuos?

Sobre todo si se trata de acciones inocuas de parte de los ciudadanos, la regulación debería ser poco menos que nula.

Reglamentar actividades individuales inocuas no crea sino agobio. Es un peso totalmente innecesario y lo único que produce es burocracia.

Esta otra pregunta: ¿Los trámites necesarios para el desenvolvimiento de una actividad productiva son fáciles, rápidos y económicos? ¿Promueven y ayudan o, por el contrario, retrasan y obstaculizan?

Si la actividad requiere de una reglamentación, ésta debe ser lo suficientemente ágil para no obstaculizar ni retrasar su desenvolvimiento.

Si para otorgar un beneficio meritorio a un ciudadano, la administración se demora meses y hasta años, entonces retrasa y obstaculiza, no promueve y ayuda.

Otra pregunta: ¿El gobierno promueve la libre empresa, promueve el crecimiento de ellas y crea una plataforma para que puedan progresar y expandirse?

La libre empresa es la expresión más estructurada de lo que es la voluntad individual. Los ciudadanos expresan, en la creación de empresas, sus ilusiones, su creatividad y sus capacidades.

Obstaculizar la libre empresa y asfixiarla con reglamentaciones excesivas no es más que aberración.

Una pregunta más: ¿En caso de emergencia o de una situación difícil, el gobierno soporta y ayuda o, por el contrario, arremete y dificulta la salida del problema?

Pongamos un ejemplo: Un pequeño empresario realiza un movimiento económico comprometedor y el resultado no le es favorable.

Para resolverlo, debe tomar medidas en el tamaño y funciones de su empresa. Esas medidas lograrían sacarlo del problema, pero se enfrenta a imposiciones gubernamentales que le impiden realizarlas.

¿El gobierno facilita la toma de estas decisiones o, por el contrario, obliga al empresario a someterse a la regulación asfixiante y de esa forma lo empuja a perder el negocio?

¿A quién favorece esta situación? A nadie. Ni al empresario ni a los trabajadores.

¿Cuál debería ser la acción del gobierno? ¿La protección o la destrucción?

En términos generales, la situación descrita anteriormente se repite incasablemente en las sociedades que pretenden explotar los beneficios de la gestión empresarial privada (elevadísimos impuestos) y regular hasta el más mínimo detalle de las relaciones laborales.

Nadie mejor que el propio empresario, el que seguramente creó, formó y condujo una empresa por años, para conocer lo que debe hacerse en un caso determinado.

Según la organización híper-interventora, es el gobierno el que debe conducir las acciones. Nada más absurdo.

En una ridícula posición de proteccionismo mal entendido, los gobiernos híper-interventores no dejan espacio para la acción individual.

Pretenden escudar al que consideran más débil ahorcando al que consideran más fuerte.

Debemos partir de una premisa: todos buscamos la felicidad. Los obreros buscan la felicidad, los empresarios también.

Ningún empresario quiere perder la empresa que ha logrado con esfuerzo y sacrificio. Ningún trabajador quiere perder su trabajo.

Tampoco existe la banda de los malos y opresores y la banda de los buenos y oprimidos. Las bases de la relación laboral se sustentan en las necesidad que tienen unos de los otros y viceversa.

¿No resulta absurdo que los gobiernos híper-interventores, que obstaculizan las acciones voluntarias tanto de empresarios como de trabajadores, no contribuyan a resolver los problemas sino a aumentarlos?

La sociedad requiere de ambos, empresarios y trabajadores, por lo tanto debe protegerlos a ambos. Los conflictos no pueden resolverse inclinando la balanza desmedidamente en un sentido.

Si bien los obreros son la fuerza muscular de las empresas, los empresarios son los organizadores y los portadores de las ideas.

Si todos fuéramos obreros no habría emprendedores que, al final, son los creadores de la riqueza. Sin las empresas no habría avance ni desarrollo, tampoco economías.

Los gobiernos no deberían estar para dividir ni hacer diferencias entre sus individuos, tampoco para satanizar condiciones.

Los gobiernos aberrantes tienen una necesidad sorprendente de hacer distinciones entre buenos y malos, ricos y pobres, decentes e indecentes, pueblo y burguesía y, sobre todo, entre opresores y oprimidos.

También existe una marcada tendencia a querer hacer pagar a las nuevas generaciones, en la actualidad, lo que supuestamente fueron errores del pasado.

Todo esto no tiene sino un nombre: **resentimiento social.**

Si alguien tiene algo más que otro es porque también ha hecho algo más. Seguramente ha trabajado más o ha tenido una idea mejor y ha sido más exitoso en sus inversiones o negocios, o ha heredado (con toda legalidad y derecho) de sus antepasados.

¿Por qué se debe sentir rencor por lo que los demás tienen y nosotros no? A este sentimiento se le llama "envidia".

¿Qué es la envidia?

La envidia es un sentimiento de dolor, tristeza y pesar por el bien ajeno.

¿Qué quiere decir sentir envidia?

Nada más y nada menos que nos DUELE que los demás tengan más.

¿Es un sentimiento de amor? Evidentemente no.

Los gobiernos que se tildan de socialistas y por ello son híper-interventores, parasitarios y aberrantes, portan esta bandera, la bandera del odio y la envidia.

Odian a la clase exitosa. Para ellos, todos deberíamos ser pobres. Crean una asociación directa entre pobreza y bondad.

No existe ninguna bondad ni mérito en la pobreza. La pobreza está más ligada con la desidia y la negligencia que con la perseverancia y el trabajo.

Nadie es mejor que nadie, sólo somos diferentes. Es parte de lo que sabemos, la individualidad.

Las relaciones laborales son un contrato entre las partes. No debemos caer en la estrategia de que se necesita de un gobierno fuerte para garantizar la justicia laboral.

La sobreprotección no crea sino dependencia y minusvalía. También holgazanería y arbitrariedad. Además, en condiciones extremas y viciosas (casi siempre) los sindicatos protegen situaciones abusivas.

Todas las acciones híper-proteccionistas de los gobiernos híper-interventores sobre la supuesta estabilidad laboral no son más que mecanismos inhibidores de la oferta de empleos.

Mientras sea más difícil deshacerse de un empleado indeseado menos posibilidades hay de que las empresas asuman cualquier otro. Es como tener las manos atadas.

El no poder deshacerse de un empleado improductivo, o si resulta tan oneroso que frena la decisión, no sólo implica un problema grave para el desenvolvimiento de las actividades empresariales, sino que reviste un problema de clima laboral que afecta a todo el entorno.

En estas situaciones todos salen perjudicados.

El empresario porque paga por un servicio deficiente y está obligado, por leyes absurdas, a mantenerlo. El empleado porque pasa a ser un parásito con todas las consecuencias emocionales y sociales que eso implica y, la sociedad en general, porque sufre las ineficiencias y elevados costos de un aparato productivo infectado de parásitos laborales.

La excesiva protección laboral crea una raza de empleados parásitos.

Los gobiernos híper-interventores crean mecanismos de protección laboral excesiva en menoscabo de la productividad y eficiencia empresarial. Las consecuencias las paga la sociedad entera.

Liberando las relaciones laborales del peso del sobre-proteccionismo se libera la oferta de empleo y se consigue la ubicación perfecta de profesionales, técnicos y obreros.

Cada operario estaría en el sitio donde se desempeñaría de la manera más productiva, contribuyendo al desarrollo integral de la sociedad.

Ningún empresario quiere deshacerse de un empleado productivo y eficiente. Nadie es tan obtuso para eso.

Los empresarios se quieren deshacer de los empleados torpes e improductivos, jamás de los buenos.

Entonces...

¿Qué es lo que defiende el sobre-proteccionismo laboral?

¿La ineficiencia? ¿La baja productividad?

Y... ¿Cómo es la producción de una empresa que está obligada a mantener empleados ineficientes e improductivos?

Pues, seguramente, de calidad inferior a la que pudiera tener con buenos empleados que estuvieran en sus puestos por sus méritos y no por el sindicato.

¿A quién le hace más daño esto?

A la sociedad entera.

Los individuos de una sociedad laboralmente sobre-protegida se comportan más como parásitos que como constructores sociales.

Las señales evidentes de los efectos de las políticas laborales híper-proteccionistas son la desaparición de las empresas menos fuertes en momentos de crisis y la tendencia a la venta de las fuertes, algunas que se consideraban insignias, que se ven amenazadas.

Expliquemos mejor esto.

Herederos y ancianos, dueños de empresas que se consideran símbolos de la sociedad, cansados de las presiones legales y fiscales de un gobierno híper-interventor y parasitario, deciden vender a grupos financieros extranjeros que tienen sus sedes administrativas en lugares donde la presión fiscal es menor.

¿Acaso no vemos repetirse esta situación continuamente?

¿No buscan, algunas empresas, trasladar sus operaciones administrativas a países donde la tributación sobre los ingresos comerciales son más razonables?

¿Quién no saldría de un dolor de cabeza tan grande como la amenaza constante de un gobierno torpe, costoso y opresor, teniendo la oportunidad?

Los gobiernos híper-interventores destruyen los pilares industriales de la sociedad que los sufre (a los gobiernos).

Pero… hablando de situaciones que no crean conflictos laborales, por ejemplo: un gobierno que controla las actividades comerciales al punto de crear compromisos fiscales fuera de proporción.

Es esxceso de tributación asfixiante.

Por la televisión italiana se presentaba hace poco el caso de pequeños comerciantes en la ciudad de Roma que mostraban más de cien boletines de pago de tributos al año.

Número excesivo de tributos igual a excesiva intervención del gobierno.

Cobrar por todo lo que se hace es una forma de esclavitud subrepticia.

Pero... analicemos un poco más...

¿Qué son los tributos?

Los tributos son los ingresos públicos obtenidos por imposiciones pecuniarias obligatorias calculadas unilateralmente por el gobierno.

Su fin primordial es el de obtener los ingresos necesarios para el sostenimiento del gasto público.

Un gasto público moderado y justo creará unas obligaciones moderadas y justas sobre los contribuyentes. En cambio, unos gastos públicos exagerados y dispendiosos crearan unas obligaciones abultadas y asfixiantes para los contribuyentes.

Pero debemos analizar dónde se realiza el gasto público, ¿a dónde van a parar las contribuciones de los ciudadanos?

Si la administración utiliza la gran parte de la masa monetaria obtenida de los tributos para realizar obras públicas necesarias y para la retribución en servicios fundamentales, entonces está ampliamente justificada.

En cambio, si la gran parte de los tributos está dirigida a la nómina gubernamental, entonces resulta injustificable. Es un gobierno parásito.

Como toda empresa (empresa es todo conjunto de acciones coordinadas para un fin), el gobierno requiere de una administración.

Los gastos normales de administración no deberían ser mayores al cinco por ciento del gasto total. Si la cifra fuese superior, estaríamos ante la presencia de una administración absolutamente ineficiente.

He aquí el punto central del problema. Los gobiernos híper-interventores y parasitarios, con sus abultadísimas nóminas, destinan la mayor parte de los ingresos para su propio mantenimiento.

En estas condiciones, poco queda para las obras públicas y los servicios básicos de la sociedad, y para poderlos ejecutar, se elevan las tasas impositivas a niveles estratosféricos.

Es de uso frecuente el retrasar los trabajos por falta de fondos. Como consecuencia está el deterioro de la calidad de vida de los ciudadanos, pagando impuestos leoninos que no le retribuyen para nada ese esfuerzo.

Cuando decimos que un país es el país de los impuestos, estamos describiendo esa condición. Es la condición parasitaria por excelencia.

¿Qué es un parásito?

Un parásito es un ser que depende de otro y del cual obtiene algún beneficio que implica daño para este último. El parasitismo puede ser considerado un caso particular de depredación.

El gobierno parasitario depreda a la sociedad que lo sufre.

Por supuesto que el parásito no produce ningún beneficio, al contrario, produce debilidad en el hospedero.

Un gobierno donde existe una elevada burocracia, donde los cargos se repiten y se solapan las competencias, exige un gasto desmesurado y sobre todo, innecesario.

Los sueldos de los empleados públicos, su eterna estabilidad laboral y su escasa supervisión, sólo ayudan a agravar una situación que, desde las bases de su estructura, es disfuncional.

Por supuesto, para la justificación de una maquinaria administrativa de tal envergadura se necesita la fiscalización y, por supuesto, la tasación de la mayoría de las acciones de la sociedad.

Intervenir hasta en el más simple e inocente de los gestos es una aberración, es decir, un error grave de entendimiento.

Es aquí donde está el centro del problema, en el entendimiento.

¿Qué entendemos por la acción de gobernar?

Gobernar debería ser sinónimo de dirigir, de guiar y de organizar. Malamente puede dirigir bien, guiar bien y organizar bien un gobierno aberrante, un gobierno que comete graves errores de entendimiento.

Comprendemos por "entendimiento" el conocimiento de la sociedad y sus necesidades.

Las necesidades sociales apuntan, todas, al desenvolvimiento de las actividades que, de manera voluntaria, nos conducen al bienestar y a la felicidad.

La regulación excesiva de todas las actividades y la tasación desmesurada de cada simple gesto empresarial es un síntoma de ineficiencia, característica inequívoca de un gobierno parasitario.

La híper-intervención gubernamental es causa y consecuencia de los niveles de aberración existentes en la estructura del gobierno, es decir, en sus niveles de desvinculación con las verdaderas necesidades de la sociedad.

Por supuesto, un gobierno que está desvinculado con los intereses de los individuos que componen la sociedad es una máquina de producción de errores de reglamentación.

Con información insuficiente, pues no conoce las necesidades individuales de los ciudadanos, con una estructura pesada y compleja, que no le permite amoldarse en tiempo real a las cambiantes situaciones y requerimientos y, además, una incapacidad de comprensión por la rigidez de sus procedimientos, los gobiernos híper-interventores son como un cáncer que crece y devora la sociedad que lo alimenta.

Una de las terapias médicas actuales contra el cáncer consiste en no ingerir los alimentos que nutren las células cancerígenas. Sería una buena solución para estos tipos de gobierno. Quitarles el alimento que los mantiene.

Lamentablemente, por el contrario, otra característica de los gobiernos híper-interventores es su voraz apetito.

¿Acaso habéis sacado la cuenta de cuánto reciben los gobiernos híper-interventores y parasitarios en impuestos? Son unas máquinas devoradoras de dinero.

Leoninas tasas de impuestos que gravan los ingresos. El esfuerzo laboral de los ciudadanos va a parar en las fauces de un gobierno devorador de patrimonios.

Es típico de un gobierno aberrante los excesivos porcentajes de tasación de los ingresos laborales. Hablar de porcentajes mayores al treinta por ciento es algo común en este tipo de gobiernos.

A esto se le suman la tributación al consumo. Un veintidós por ciento de IVA, recarga en exceso los precios de los bienes de consumo y desanima la adquisición. Es una medida que, lejos de impulsar el desarrollo comercial de una sociedad, la asfixia.

Pero... alguien dirá que se hace necesario para el funcionamiento del país y para cubrir el gasto público.

Esto sería así si no se tratase de que el gasto público está abultadísimo por una nómina gigantesca e innecesaria. **Si estos gobiernos aberrantes y parasitarios no tuvieran una nómina descomunal, no se haría necesario estos altísimos niveles de tributación.**

Los contribuyentes deben pagar excesivas cantidades, gran parte de sus ingresos para recibir a cambio poco más de una mediocre administración.

He aquí el componente parasitario. Un parásito no hace sino chupar y defecar.

El común denominador de este tipo de gobierno es la centralización del control de las actividades sociales a través de impuestos, bolos y tasaciones de cada gestión que, en gran parte de los casos, desanima a los que la requieren o la pretenden.

El cobro de un impuesto obligatorio por la recepción de la señal de televisión es un ejemplo de esto. Toda la sociedad se ve obligada a pagar una señal que, a lo mejor, ni la recibe o no le gusta. En resumen, obliga a pagar algo que no se requiere.

Una señal televisiva de calidad se paga sola, con la publicidad, no con el sacrificio de los contribuyentes.

En un país con este tipo de gobierno, si sumamos los porcentajes de recaudación sobre la base salarial de la población laboralmente activa, la recaudación por la tasación del IVA a los bienes de consumo y otros impuestos provinciales y municipales como aseo, iluminación, limpieza y otros, arribamos a cifras que pueden llegar al setenta por ciento del total de los ingresos. Esto es realmente inaceptable.

Y pensar que, con un gobierno a la justa medida de las necesidades, esto podría cambiar radicalmente.

No se trata de perder nada, solo soltar lastre. No es cuestión de renunciar a obras o servicios básicos, es cuestión de eliminar la "grasa" del gobierno.

Los gobiernos aberrantes estructuran sus tributos para impedir que la población se enriquezca. Se empeñan en crear pobreza.

Resulta que la pobreza no es ninguna virtud, ni siquiera, algo meritorio. No existe ningún mérito en ser pobre. Si nos quedamos cruzados de brazos toda la vida, sin hacer nada para progresar, seguramente terminaremos más pobres de lo que éramos cuando empezamos. No hay ningún mérito en esto.

Los gobiernos aberrantes han acostumbrado, a las sociedades que los sufren, a la pobreza, como si ésta fuera algo natural.

Pues no señor, la pobreza no es algo natural.

La naturaleza nos enseña que lo verdaderamente natural es la abundancia. La abundancia sólo puede ser destruida con una acción aberrante, o sea, con una acción sin el conocimiento ni el entendimiento de la verdadera naturaleza de las cosas.

Esto es lo que realiza un gobierno híper-interventor, grotesco y parasitario, acciones sin el entendimiento necesario de la sociedad.

El empeño en empobrecer a la población se evidencia de forma patética en la apropiación de la gran parte de los patrimonios heredados. Es típico de un gobierno aberrante.

El esfuerzo de los padres del heredero va a parar en manos del gobierno que, de seguro, lo administrará de manera equivocada.

Podríamos exponer infinidad de ejemplos, pues las aberraciones de los gobiernos híper-interventores y parasitarios no dan tregua, pero resultaría mejor hacer un esbozo de lo que sería las características de este tipo de gobierno.

CARACTERÍSTICAS DE UN GOBIERNO ABERRANTE, HÍPER-INTERVENTOR Y PARASITARIO

Un gobierno híper-interventor y parasitario, por su puesto, aberrante, se caracteriza por:

1.- Tener una gestión desmesurada (dominio total de las actividades de la sociedad)

2.- Cobrar impuestos sobre todas las actividades sociales (Parasitismo, esquizofrenia de imposición tributaria)

3.- Tener un tamaño excesivo (estructura compleja y repetitiva, con un organigrama muy vertical)

4.- Ser muy ineficiente (pobres resultados ante un altísimo requerimiento de ingresos)

Resulta casi imposible que estas características existan por separado, todas ellas pertenecen al mismo formato, al formato de un gobierno aberrante.

De hecho, para que un gobierno pueda sostener una gestión desmesurada debe ser inmenso, más grande de lo que se necesita.

Por supuesto, debe justificar su tamaño excesivo con una infinidad de trámites innecesarios.

Los trámites innecesarios conllevan implacablemente a la ineficiencia, consumiendo infinidad de recursos en procesos inútiles y larguísimos.

Todo esto hace que no sea ágil y jamás pueda realizar una gestión con oportunidad en tiempo y costo.

Preguntémonos lo siguiente: ¿El gobierno que tenemos posee estas características? Tratemos de profundizar un poco más en cada una de ellas.

1.- Tener una gestión desmesurada (dominio total de las actividades de la sociedad).

Los gobiernos híper-interventores y aberrantes interfieren y tratan de regular (ahogar) hasta las más simples acciones y gestiones personales de los ciudadanos. Pretenden suplir su rol protagónico en casi todas las actividades de la sociedad limitándolas con leyes desmedidas y controles absurdos.

Es importante contextualizar bien esto.

Las reglas son necesarias, pero no en exceso.

No quiere decir que no se deba reglamentar, quiere decir que se debe reglamentar sólo lo justo y necesario. En este caso, los excesos no son un lujo sino un lastre.

Por supuesto que tiene que haber normas cívicas de convivencia, urbanismo, higiene, educación, comercio, legislación, pero en su justa medida.

Las reglas deben servir para el progreso social y sólo deben existir para armonizar la convivencia y limitar los conflictos. No deben entorpecer el progreso y crear más conflictos, y sobre todo, no obstaculizar las voluntades individuales.

En la mayoría de los casos, menos es más.

El exceso de "prohibicionismos", como los podríamos llamar, produce asfixia. En esto está incluida la censura, vestigio de sociedades primitivas.

Veamos algunos aspectos que podemos reconocer con facilidad en la estructura y comportamiento de una administración híper-interventora.

Relaciones personales: Una gestión desmesurada sobre-controla y constriñe hasta las relaciones personales, haciendo, por ejemplo, de la institución del matrimonio una excusa para separar voluntades y promover un conflicto en vez de resolverlo.

El control de las uniones debería ser mínimo, así serviría para apoyar las voluntades individuales y no para anularlas, atribuyéndoles calificativos inapropiados.

¿Quién demonios es el gobierno para decirle a un ciudadano que no se puede casar con alguien de su mismo sexo, por ejemplo, si esa es su voluntad?

Esto es un asunto laico, y la iglesia debería permanecer al margen. No estamos hablando de las uniones religiosas sino de las uniones civiles, que permiten una mejor igualdad social.

Acciones como éstas no son más que una forma de discriminación.

Someter este tipo de relaciones al escarnio público es irresponsable y falto de tolerancia, y destruye las bases de la convivencia.

Sólo una cúpula envilecida por el poder puede desconocer los derechos de libertad de elección de los ciudadanos.

¿A quién hace daño? Sólo las mentes perversas ven la "perversidad" en las diversas formas del amor.

Relaciones gobierno-sociedad: Una gestión desmesurada complica y crea distancias en las comunicaciones entre gobierno y sociedad mediante unos trámites complicados que tienen que ser ejecutados por intermediarios o especialistas, logrando así enredar también cualquier intento de revisión de su gestión por parte de los ciudadanos.

Las relaciones gobierno-sociedad deberían ser muy, pero muy claras y expeditas.

La excesiva complejidad de algunos trámites con el gobierno no son más que mecanismos encubridores de fallas administrativas y de corrupción.

No hay nada más difícil que controlar una administración llena de recovecos y excesivamente compleja.

Por otro lado se encuentra el componente electoral. Los gobierno híper-interventores, tienden a crear barreras inexpugnables para el electorado, complicando, de manera excesiva, las leyes electorales. De esta manera, alejan lo más posible los resultados de la verdadera voluntad popular.

El control llega a los niveles de mandar atrás a la mayoría de las decisiones, que por votación, toma la sociedad.

¿Acaso no es voluntad popular la austeridad gubernamental, la disminución de cargos públicos, la eliminación de ministerios innecesarios?

¿Acaso se ha conseguido?

Un gobierno aberrante evitará a toda costa tomar medidas de control de su tamaño y tratará por todos los medios de justificar todas las acciones y encima, siempre apostará por la ampliación, jamás por la reducción.

Recientemente, un programa televisivo de opinión manejaba la problemática de la asignación de viviendas de edificación pública a los ciudadanos de menores recursos en la ciudad de Milán.

El caso planteaba que existían infinidad de viviendas sin asignar, por fallas en el sistema de entrega, ocasionadas por la altísima burocracia.

Sorprendentemente, la solución que planteaba el representante del gobierno local era la creación de un organismo controlador de este trabajo. NADA MÁS ABERRANTE. SE TRATA DE UN MALFUNCIONAMIENTO POR EXCESO DE BUROCRACIA Y, SEGÚN ESA "EMINENCIA", LA SOLUCIÓN ERA CREAR MÁS BUROCRACIA.

Relaciones gobierno-comercio: Una gestión desmesurada del gobierno se percibe en el excesivo control de las actividades comerciales con reglamentaciones generales y absurdas que no respetan los requerimientos individuales de los comerciantes, obstaculizando las acciones que podrían mejorar sus condiciones particulares.

Por ejemplo, controlar los períodos de saldos hasta el punto de prohibir a los comerciantes tomar ellos la decisión de cuándo y cómo hacerlos.

El control excesivo sobre el tipo de actividad y la imposición de múltiples limitaciones, el exceso de permisos requeridos para ejercer ciertas actividades y otras acciones restrictivas solo llevan a la fatiga y al fracaso.

No se puede generalizar un reglamento limitador porque inmediatamente se vuelve aberrante. Habrá a quién convenga y a quien no. La libertad de acción particular es lo que se requiere para el progreso y desarrollo. Es el verdadero entendimiento de las necesidades de la sociedad.

Relaciones gobierno-educación: El híper-control de la educación cae en el adoctrinamiento.

Vamos a estar claros en una cosa. La verdadera educación de los hijos es responsabilidad de los padres.

La escuela sirve para la enseñanza y la preparación cívica, pero dentro del control del hogar.

Estas actividades no pueden estar disociadas. Los padres tienen que formar parte de la educación de sus hijos hasta el punto de ser los principales guías.

Olvidaros de los supuestos beneficios de parte de psicólogos y profesionales de la educación que adopten posturas extremas y más aún, huid de los consejos y grupos educacionales que excluyan las exigencias y controles paternos.

Por supuesto, un gobierno que quiere controlar la enseñanza mediante la obligación y control sobre los textos escolares, sobre los contenidos de las materias y sobre todo, pretenda enlazar la educación a ciertos contenidos políticos y religiosos convierte, automáticamente, los centros de estudio en centros de adoctrinamiento.

Los padres tienen el derecho a elegir la educación de sus hijos y a ser los conductores de su preparación hasta que ellos mismos tengan el suficiente criterio como para hacerse cargo del resto de su preparación.

Ningún gobierno, ningún grupo supuestamente educador puede suplir el rol director de los padres.

Relaciones gobierno-cultura.

La cultura, como conjunto de saberes y costumbres (cultura popular) pertenece a la sociedad misma y debería ser independiente del gobierno que transite.

Las reglamentaciones sólo se justifican cuando las costumbres producen daño colateral a un sector o a algo o alguien en particular.

Si nos referimos a la alta cultura, es decir, las artes y humanidades, todavía más.

Como dice el dicho: "Si causa perjuicio, en lugar de utilidad, la mejor habilidad, en vez de virtud, es vicio".

Por ejemplo, la feria taurina, lejos de ser un arte, es una actividad que expone la tortura y la muerte, en una batalla desleal y fuera de balance, como muestra de cultura. Sería perfectamente justificable una reglamentación gubernamental que la prohibiera, sin embargo, todavía no ha sido posible. Ejemplo de gobierno aberrante, lento e ineficaz.

Como hemos podido analizar, no hay beneficios para la sociedad en este tipo de gestión híper-controladora, sólo la justificación de puestos de nómina dentro del gobierno y el dominio de una cúpula de poder por medio de la imposición.

La reglamentación es beneficiosa cuando promueve el avance y evita los conflictos, en un clima de seguridad. Cuando es excesiva, sólo ahoga.

Tender un cerco estrecho e inviolable a todas las acciones de la sociedad no es una buena gestión, es parte de la reminiscencia medieval y feudal de una estructura de poder arcaica e ineficiente. Consecuencia: Crisis.

2.- Parasitismo. Esquizofrenia tributaria.

Los gobiernos han demostrado siempre, a través de la historia, sin excepción, ser unos pésimos administradores.

Si a eso sumamos que los que son excesivamente grandes tienen nóminas abultadas e inmensas estructuras, la cosa empeora notablemente, porque arrastran un peso que va directamente reflejado en la parte impositiva.

Impuestos excesivos y altísimos se necesitan para sostener una nómina inmensa. Esto produce una carga sobre el bolsillo de los contribuyentes que seguramente merma, de manera tajante, la capacidad de compra e inversión.

A un ciudadano devorado por los impuestos le es prácticamente imposible realizar los proyectos que voluntariamente querría abordar.

Está ahogado económicamente, en situación de supervivencia. Esta situación no es, en ningún caso, una situación feliz.

Y nos preguntamos, **¿el gobierno hace un buen uso de los recursos que recibe vía tributaria? ¿Está suficientemente justificado y retribuido el dinero que se gasta en mantener un gobierno así?**

Seguramente no.

Un gobierno inmenso y súper costoso es un peso, un lastre, en ningún caso un promotor. Pesa, no ayuda.

Todo el peso de mantener a un gobierno excesivamente grande recae sobre el ciudadano, mermando su capacidad de compra e inversión, llevando al traste sus posibilidades de crecimiento e imposibilitando la realización de las acciones que voluntariamente desearía.

3.- Tamaño excesivo

Las grandes estructuras gubernamentales llevan a los siguientes males:

—**Verticalidad excesiva del organigrama del gobierno (más cargos de los necesarios para el buen funcionamiento)**

—**Subdivisión excesiva (fraccionamiento del estado en múltiples regiones, provincias, comunidades, etc.)**

—**Exceso de asesores y relacionados a la gestión del gobierno.**

—**Repetición de cargos y conflictos de competencia entre organismos e instituciones.**

—**Trámites intrincados y larguísimos que intentan justificar la gran cantidad de oficinas e instancias de las instituciones.**

—**Enormes costos de nómina, rentas, mantenimiento, comunicaciones y material de consumo, que no producen ningún tipo de beneficio, ni económico ni social.**

—**Difícil auditoría de su gestión (prácticamente estériles los esfuerzos por controlar la corrupción).**

Cada una de estos males se explica por sí solo.

Los costos que implican mantener una estructura semejante llevan a la ruina la economía familiar.

4.- Elevada ineficiencia

Todos los gobiernos híper-interventores son ineficientes.

La ineficiencia es algo intolerable en la modernidad.

Las estructuras grandes, complicadas y excesivamente verticales de los gobiernos aberrantes conllevan inexorablemente a complicados trámites legales y administrativos de sus ineficientes gestiones.

Mientras más grande es un gobierno más ineficiente resulta su gestión.

Definamos el término eficiencia para su mejor comprensión.

¿Qué es la eficiencia?

La eficiencia es la mejor utilización de los recursos disponibles para realizar un fin determinado.

Esto es, mientras menos recursos se consuman para realizar la misma labor, más eficiente se es.

Los gobiernos enormes y torpes, híper-interventores y aberrantes, no pueden ser eficientes en ninguna forma.

No debemos confundir la eficiencia con la eficacia. La eficacia tiene que ver con la capacidad de realizar algo que se requiere, pero no tiene que ver con lo que se requiere para hacerlo, o si se hace más rápido o con menos recursos.

Una gestión puede ser eficaz, pero muy ineficiente.

Pongamos un ejemplo. En la televisión italiana se presentaban recientemente algunos casos de estructuras hospitalarias que tenían más de quince años en construcción. Encima de esta inexplicable demora, se sumaba la "voluntad" del gobierno local que, teniendo los recursos para su finalización, requería aproximadamente dos años para concluir.

Se trataba de grandes edificios, pero, definitivamente, mucho más pequeños que las enormes estructuras clínicas de América, que han tenido períodos muchísimo más cortos de construcción total (menos de dos años).

En condiciones sociales sanas, esta pésima gestión ameritaría una renuncia voluntaria de la administración local por incompetencia.

La INEFICIENCIA de esta gestión se hace clara en la comparación.

El término "benchmarking", que es una técnica que consiste en tomar "comparadores" para los procesos de trabajo que pertenezcan a organizaciones que evidencien las mejores prácticas sobre el área de interés, con el propósito de aplicar esas mejores prácticas para obtener resultados más eficientes, parece ser absolutamente desconocida por el gobierno aberrante e incapaz que se evidencia en este ejemplo.

En los actuales momentos resulta inaceptable una demora de esas proporciones.

¿A qué lleva esa demora? Por supuesto, a altísimos costos finales de construcción y a la pérdida de servicios necesarios.

El gobierno aberrante e ineficiente priva al ciudadano de un servicio necesario con su ineficiencia, creada exclusivamente por su tamaño excesivo y sus procesos y trámites complejos e innecesarios.

No podemos conformarnos con la eficacia solamente, requerimos de la eficiencia para que los resultados sean óptimos, los recursos que se consuman para hacerla sean los justos y los resultados se obtengan a tiempo.

Conclusión:

Un gobierno desmesuradamente grande es excesivamente prohibicionista, costoso, ineficiente y absolutamente innecesario. Por estas características, crea frustración e infelicidad en los ciudadanos de la sociedad que lo sufre, además crea y perpetra la crisis, propiciando las condiciones de inestabilidad social que la sustentan.

HABLEMOS DE SOLUCIONES

Bueno, ya todos sabemos las causas que nos llevan a la crisis. Ahora… ¿Qué debemos hacer? ¿Cambiar el gobierno?

¡CUIDADO! ¡MUCHO CUIDADO!

Lo que debemos cambiar es la estructura del gobierno, su tamaño y su manejo.

NADA DE REVOLUCIONES.

La naturaleza nos enseña que los cambios deben hacerse de forma progresiva, nunca de forma violenta y menos, destruyendo. Remodelemos, no tumbemos para luego lamentarnos y tener que construir nuevamente.

En la naturaleza todo evoluciona. Los cambios son suaves y paulatinos. El sol sale lentamente y así mismo se oculta, no se prende de sopetón y se apaga repentinamente.

Las revoluciones son lo más parecido a un desastre natural. Ocurren violentamente, no son cambios suaves. Son un tsunami social.

Los cambios bruscos crean inestabilidad. Es ilógico pretender corregir una crisis, que es un período de inestabilidad, agregando precisamente más inestabilidad.

Debemos cambiar sólo lo que está mal, lo que amerita un esfuerzo para lograr mejorar algún proceso o condición. No debemos cambiar TODO.

No merece ningún esfuerzo cambiar algo que está mal por algo igualmente malo o aún peor, necesitamos estar seguros que el cambio es sólo para mejorar.

Si los problemas son causados por la burocracia, la ineficiencia, el descontrol, pues ataquemos la burocracia, mejoremos la eficiencia con la aplicación del benchmarking y controlemos mejor.

No podemos caer en la tentación de pretender que porque un grupo político sea nuevo, eso signifique un cambio beneficioso. NO.

Cambiar no significa mejorar, sólo significa cambiar. Para mejorar debemos analizar y avanzar, no destruir y llevarse todo por delante.

No debemos dejarnos llevar por la frustración (la ira y la decepción) que sentimos por vivir dentro de un sistema aberrante, creado por un gobierno parasitario. Debemos sobreponernos a esto para cambiar hacia una condición mejor.

Generalmente, los grupos políticos que se dicen "revolucionarios" hacen un análisis de los resultados de las gestiones pasadas y, por supuesto, critican y señalan los fracasos que todos conocemos y, por supuesto, decimos que tienen razón.

Pero… ¿cómo no van a tener razón en eso?, si lo que ha sucedido es del conocimiento de todos, es público y notorio. Sin embargo, eso no quiere decir que tengan la solución en sus manos. Al contrario, puede ser que ellos sean los engendros de los errores del pasado.

No necesitamos de eso. Ya sabemos que se han cometido errores y que tenemos que cambiar, pero eso no significa que esos grupos sean la solución.

El tomar los fracasos del pasado de una administración para tratarse de desvincular con estos resultados no garantiza nada de bueno en esos grupos riesgosos que se autotitulan mesiánicos.

Ninguna medicina es confiable sin las pruebas previas y un control minucioso de los resultados. Igualmente, un nuevo grupo de gobierno y más aún, un nuevo sistema, no son confiables hasta que no se demuestren sus beneficios.

Entonces... ¿Qué debemos cambiar?

Sólo puedo dar un consejo general.

Cambiemos nuestra actitud hacia el gobierno. Seamos más participativos e involucrémonos lo más posible para la búsqueda de soluciones.

Existen sociedades que han creado exitosos mecanismos de control para el gasto público, para la burocracia y el excesivo tamaño del gobierno y han puesto límites a la intervención del estado en las acciones sociales.

Por ejemplo, han limitado los sueldos de los cargos públicos a niveles medios, han eliminado los gastos suntuarios, de viáticos y de representación, han eliminado los vehículos oficiales y los chóferes a disposición de los altos cargos. Han puesto al alcance de los ciudadanos los registros contables de los gastos gubernamentales para su supervisión. Han creado mecanismos para el control de la ejecución de las obras públicas.

Debemos utilizar nuestro ingenio y creatividad para aportar soluciones. Estamos concientes del lugar en donde nos encontramos, ahora tenemos que focalizarnos a dónde queremos llegar. Pero… ese es otro discurso.

Nos vemos en Crisis Forever 2.

www.ingramcontent.com/pod-product-compliance
Lightning Source LLC
Chambersburg PA
CBHW070941180526
45168CB00003B/1132